Patrick Ewing

Traducido del inglés por Isabel Guerra

RECONOCIMIENTOS FOTOGRÁFICOS
La Asociación Nacional de Baloncesto
Nathaniel S. Butler: Todas las fotografías.

Library of Congress Cataloging-in-Publication Data
Rambeck, Richard.
[Patrick Ewing. Spanish]
Patrick Ewing / por Richard Rambeck.
p. cm.
Summary: Describes the life and career of the noted New York
Knicks basketball player from Jamaica.
ISBN 1-56766-112-2
1. Ewing, Patrick Aloysius, 1962-   --Juvenile literature. 2.
Basketball players--United States--Biography--Juvenile literature.
[1. Ewing, Patrick Aloysius, 1962-   . 2. Basketball players. 3.
Blacks--Jamaica--Biography. 4. Spanish language materials.]
I. Title.
[GV884.E9R3618   1993]
796.323'092--dc20
[B]   93-5508

Distribuido a colegios y bibliotecas de los EE.UU. por
ENCYCLOPAEDIA BRITANNICA EDUCATIONAL CORP.
310 South Michigan Avenue
Chicago, Illinois 60604

Patrick Ewing

por Richard Rambeck

Durante los minutos iniciales del partido del campeonato de la NCAA en 1982, el jugador de centro Patrick Ewing, del equipo de Georgetown, no permitió que los Tar Heels de Carolina del Norte lograran una canasta. Cada vez que un jugador de Carolina del Norte intentaba un lanzamiento, Ewing le colocaba un tapón. Los árbitros determinaron que cuatro de los tapones eran ilícitos y declararon las canastas válidas, pero eso no le importaba mucho a Ewing. Él quería comunicar un mensaje a los Tar Heels: Si traen el balón cerca de la canasta, se las tendrán que ver conmigo. Ewing simple-mente hacía lo que se esperaba de un jugador de centro que mide dos metros y diez centímetros de altura. Estaba controlando la zona alrededor de la canasta.

Gracias a Ewing y a otros jugadores, el partido en que se disputaba el título de la NCAA en 1982, fue uno de los más emocionantes en la historia del baloncesto universitario. Cinco estrellas futuras de la Asociación Nacional de Baloncesto se encontraban en la cancha esa noche. Carolina del Norte tenía un par de delanteros extraordinarios, James Worthy y Sam Perkins, así como un jugador base, estudiante de primer año, llamado Michael Jordan. Los esfuerzos de Georgetown eran dirigidos por el base Eric "Sleepy" Floyd. Y además estaba también Patrick Ewing, que era un estudiante de primer año y uno de los jugadores más jóvenes en la cancha. Pero esa noche, su destreza importaba más que su edad.

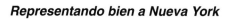

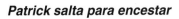

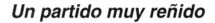

Cada vez que Carolina del Norte tomaba la delantera en el marcador, Ewing y Floyd hacían que los Hoyas de Georgetown los alcanzaran. Floyd se encargaba de parar a los Heels desde el exterior, mientras que Ewing se hacía cargo de la canasta. El centro de primer año se anotó veintitrés puntos y capturó once rebotes, pero esto no fue bastante para darle la victoria a su equipo. A pesar de que los Hoyas llevaban una ventaja de 62-61 en el último minuto, los Tar Heels ganaron el encuentro gracias a un lanzamiento de Jordan, en los segundos finales del partido. Cuando los Hoyas se retiraban cansados de la cancha, su entrenador John Thompson les aseguró que habían jugado un gran encuentro.

El entrenador Thompson estaba triste porque su equipo había perdido, pero sabía que el futuro se presentaba mejor. Tendría a Patrick Ewing en el equipo durante tres años más. Los grandes equipos se forman, con frecuencia, alrededor de grandes centros, y Georgetown tenía un gran centro. Lo extraordinario era que el baloncesto no fue el deporte primero de Ewing. Ewing nació en Kingston, Jamaica, en 1962. Su primer deporte fue el fútbol. Cuando Ewing y su familia se trasladaron a los Estados Unidos en 1973, él ya era demasiado alto para jugar al fútbol. Desgraciadamente, a los once años de edad, era todavía un poco torpe para el baloncesto, pero se esforzó mucho en el nuevo deporte. Se podría decir que creció y se formó hasta llegar a ser un jugador de talento.

Cuando Ewing comenzó a asistir a la escuela secundaria Ridge y Latin, en Cambridge, Massachusetts, ya era una estrella de baloncesto en formación. Cuando Ewing terminó la escuela secundaria, muchos expertos lo denominaron el mejor jugador juvenil del país. Se le comparó con los grandes centros Wilt Chamberlain, Bill Russell y Kareem Abdul-Jabbar. Todas las universidades de los Estados Unidos querían reclutar a Ewing. Él decidió asistir a Georgetown, porque John Thompson se encontraba allí. Thompson, que medía dos metros y tres centímetros de altura, y pesaba casi 136 kilos, había sido centro en la NBA durante los años 1960.

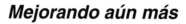
Más que casi ningún otro entrenador universitario, John Thompson sabía lo que se necesitaba para ser un gran centro. Él había sido el suplente de Bill Russell, de los Celtics de Boston, durante varios años. Cuando Thompson tomó a Ewing bajo su tutela, éste prestó atención a todas sus palabras. El joven centro siguió mejorando aún más y con él, el equipo de Georgetown. Los Hoyas ganaron el título de la NCAA en 1984, durante el tercer año de Ewing en esa universidad. La temporada siguiente, el equipo llegó a clasificarse nuevamente para el campeonato de la NCAA, por tercera vez en los cuatro años universitarios de Ewing. Sin embargo, el equipo perdió por dos puntos en la final, 64-66, frente su rival de la Gran Conferencia del Este, el equipo Villanova.

La carrera universitaria de Ewing terminó con el partido perdido frente a Villanova. Ya era el momento de hacerse jugador profesional y todos los equipos de la NBA querían a Ewing. Cualquiera que fuera el club que eligiera primero en el sorteo de 1985, Ewing iba a ser elegido. La NBA llevó a cabo un sorteo de lotería para determinar qué equipo iba a ser el primero en elegir. Los Knicks de Nueva York ganaron la lotería. El director general del equipo de Nueva York, Dave DeBusschere, dio unos pasitos de baile. Los Knicks iban a elegir al mejor centro universitario en muchos años. Pero algunos expertos dudaban de la calidad de Ewing como jugador. ¿Podría llegar a ser un gran jugador de centro profesional?

Cuando Ewing comenzó su carrera en la NBA no se le conocía como un gran encestador. Las destrezas principales de Patrick eran la defensa, los rebotes y los tapones. Acababa de ingresar en un equipo de Nueva York que necesitaba ayuda en diversas áreas. Los Knicks podían utilizar las habilidades de defensa de Ewing, pero también necesitaban a alguien que marcara muchos puntos. Patrick se esforzó mucho, pero a pesar de ello no pudo hacer que los Knicks tuvieran éxito durante sus primeros años en la NBA. En realidad Ewing no tenía la culpa. Durante sus dos primeros años de liga, resultó lesionado periódicamente. Pero los aficionados de Nueva York tenían puestas las esperanzas en su centro enorme.

"Él me ayudó a desarrollarme personalmente"

Algunos expertos dudaban que Ewing llegara a ser jamás un gran jugador de la NBA. Después de todo, ya no tenía cerca a John Thompson para que le aconsejara. Otros dijeron que Thompson había protegido a Ewing demasiado cuando Patrick se encontraba en Georgetown. Era como si Thompson no le hubiera permitido madurar a Ewing. Pero Ewing no pensaba eso en absoluto. "Me molesta que la gente diga que él, Thompson, me protegía", comenta Ewing acerca de su entrenador universitario. "Nunca pensé que él me tratara a mí de forma distinta de como trataba a cualquier otro jugador. Y si no me hubiera protegido un poquito, yo no me habría graduado. Él me ayudó a desarrollarme personalmente, y no hay nada que pueda cambiar eso".

Ewing sabía que ya era el momento de madurar como jugador de la NBA. Sabía que tenía que marcar más puntos y sobresalir más como líder del equipo. Durante la temporada 1989-90, sus compañeros de equipo se dieron cuenta del cambio. Después de varios años de anotarse unos veinte puntos por partido, Patrick, de repente, estaba alcanzando un promedio de cerca de treinta puntos. "Las instrucciones que nos daban sobre él eran siempre 'Haz que lance tiros sobre tu cabeza. Haz que se esfuerce para ganar los puntos'", dijo el centro de Boston Joe Kleine. "Pues bien, ya se los está ganando". El centro de Los Angeles, Mychal Thompson, dijo que Ewing "quizás sea el mejor jugador de este deporte en la actualidad".

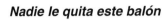
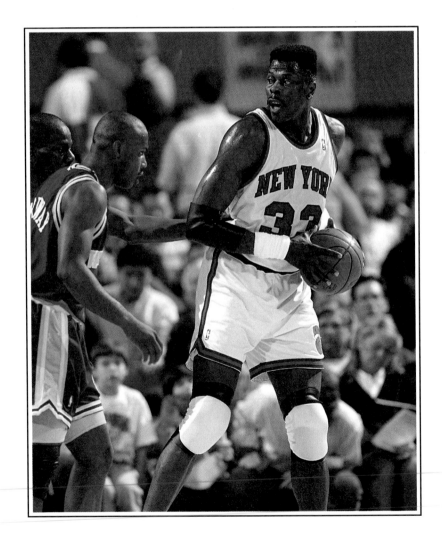

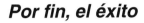

Por fin, el éxito

¿Cómo es posible que Ewing mejorara tanto? Simplemente se esforzó mucho. Además, dijo él, siempre fue capaz de marcar puntos. "Todo el mundo continúa diciéndome lo sorprendidos que están de ver lo que yo he logrado", comentó. "Pero yo te digo sinceramente que a mí no me sorprende. Yo sabía que podía hacerlo. Me esforcé en algunas cosas este verano, como lo hago siempre. Siempre he sido capaz de marcar puntos de esta manera. Pero resulta difícil para un hombre alto marcar muchos puntos en la universidad. La universidad es para los lanzadores a distancia". Gracias a los puntos marcados por Ewing, los Knicks llegaron a las eliminatorias después de la temporada de 1989-90.

En las eliminatorias, Nueva York se enfrentaba a los Celtics de Boston. Boston ganó los dos primeros partidos de la serie de cinco, y los Knicks ganaron, con gran estrépito, los dos siguientes. El partido de desempate se jugó en Boston Garden, donde los Knicks no habían ganado casi ningún partido en el pasado. Pero esta vez, Ewing y sus compañeros de equipo estaban listos. Ewing paró la ofensiva de los Celtics en la segunda mitad, e incluso lanzó un triple en los últimos dos minutos del partido. Su equipo ganó su encuentro más importante de las eliminatorias en años. Desgraciadamente, los Knicks perdieron en la siguiente ronda de eliminatorias, frente a los Pistons de Detroit.

30

La temporada 1990-91 no fue buena para el equipo de Nueva York. Aunque Ewing había concluido otro año provechoso, el equipo no llegó a las eliminatorias. Antes de comenzar la temporada 1991-92 se rumoreaba que Ewing iba a ser transferido, pero Pat Riley, el nuevo entrenador de los Knicks, no lo iba a permitir. Riley quería formar el equipo alrededor de Ewing. Como resultado de ello, el centro enorme firmó un contrato por seis años, por valor de 33 millones de dólares, para quedarse con los Knicks. Prometió ganar cada dólar con mucho esfuerzo. "Muchos jugadores tienen el talento, pero no se esfuerzan para desarrollarlo", explicó Ewing. "Yo me esfuerzo al máximo cada vez que salto a la cancha". Efectivamente, Patrick Ewing es prueba evidente de que el esfuerzo intenso da resultado.